OBSERVATIONS

SUR LE PROJET DE LOI

PRÉSENTÉ

A LA CHAMBRE DES DÉPUTÉS

Le 10 février 1819.

DE L'IMPRIMERIE DE P. DIDOT L'AÎNÉ,

CHEVALIER DE L'ORDRE DE SAINT-MICHEL,

IMPRIMEUR DU ROI ET DE LA CHAMBRE DES PAIRS.

Rue du Pont de Lodi, n° 6.

OBSERVATIONS

SUR LE PROJET DE LOI

PRÉSENTÉ

À LA CHAMBRE DES DÉPUTÉS

Le 10 février 1819

PAR SON EXCELLENCE LE MINISTRE DES FINANCES.

A PARIS,

CHEZ DELAUNAY, LIBRAIRE, PALAIS-ROYAL,

ET CHEZ LES MARCHANDS DE NOUVEAUTÉS.

———

15 Mars 1819.

AVERTISSEMENT.

———

CET écrit est l'opinion que l'Auteur se proposoit de prononcer dans l'une des Chambres, sur le Projet de loi présenté le 10 février 1819 par S. E. le Ministre des finances.

Le mérite du Projet paroissant n'être pas généralement bien senti, et l'ouverture de la discussion étant encore éloignée, on a jugé utile de publier préalablement cet écrit.

L'Auteur s'est soumis à cet avis : pour la commodité des Lecteurs, il a cru devoir faire précéder son opinion du texte même du Projet de loi.

PROJET DE LOI.

LOUIS, PAR LA GRÂCE DE DIEU, ROI DE FRANCE ET DE NAVARRE,

A tous présents et à venir, SALUT:

Nous avons ORDONNÉ ET ORDONNONS que le projet de Loi dont la teneur suit sera présenté, en notre nom, à la Chambre des Députés des départements, par notre Ministre Secrétaire d'État des finances, et par le sieur chevalier Allent, Conseiller d'État, que nous chargeons d'en exposer les motifs et d'en soutenir la discussion.

ARTICLE PREMIER.

Il sera ouvert, au grand-livre des 5 pour 100 consolidés, au nom de la recette générale de chaque département, celui de la Seine excepté, un compte collectif qui comprendra, sur la demande des rentiers, les inscriptions individuelles dont ils sont propriétaires.

2.

Chaque receveur général tiendra, en consé-
quence, comme livre auxiliaire du grand-livre
du Trésor, un registre spécial où seront nomi-
nativement inscrits les rentiers participant au
compte collectif ouvert au Trésor.

3.

Il sera délivré à chaque rentier inscrit sur ce
livre auxiliaire une inscription départemen-
tale détachée d'un registre à souche et à talon;
cette inscription, conforme au modèle ci-joint,
sera signée du receveur général, visée et con-
trôlée par le préfet.

4.

Ces titres équivaudront aux inscriptions dé-
livrées par le directeur du grand-livre. Ils seront
transférables dans les départements comme les
inscriptions le sont à Paris; et pourront, à la
volonté des parties, être échangés contre des
inscriptions ordinaires.

5.

Le livre des transferts qui devra être tenu à la recette générale de chaque département, sera produit à la Cour des comptes, à l'appui du compte spécial que chaque receveur général rendra annuellement.

6.

Tout propriétaire d'inscriptions directes ou d'inscriptions départementales, qui voudra en compenser les arrérages, soit avec ses contributions directes, soit avec celles d'un tiers à ce consentant, en fera la déclaration au receveur général, qui se chargera de la recette desdits arrérages et de l'application de leur montant au paiement de ces contributions, dans quelque lieu qu'elles doivent être acquittées.

7.

La compensation n'empêchera pas la libre disponibilité de la rente.

8.

Les receveurs généraux sont, sans préjudice de la garantie du Trésor, personnellement responsables envers les particuliers des inscriptions, transferts, mutations, paiements et compensations qui devront être opérés par ces comptables, en exécution de la présente Loi.

9.

Des Ordonnances du Roi régleront les mesures d'exécution propres à assurer, dans tous leurs développements, les effets de la présente Loi.

DONNÉ à Paris, au château des Tuileries, le 10 février de l'an de grâce 1819, et de notre règne le 24e.

Signé LOUIS.

Par le Roi:

Le Ministre Secrétaire d'État des finances,

Signé Baron LOUIS.

OBSERVATIONS

SUR LE PROJET DE LOI

PRÉSENTÉ

A LA CHAMBRE DES DÉPUTÉS

Le 10 février 1819.

La Loi qui est proposée a été conçue dans la vue d'obtenir les résultats suivants :

« 1° Le classement des rentes dans toutes « les parties du Royaume, afin de les répar- « tir, autant que possible, dans une pro- « portion analogue à l'impôt qui sert à les « payer ;

« 2° L'introduction dans les départements « des facilités qu'on n'a encore trouvées qu'à « Paris, soit pour toucher les arrérages des « rentes, soit pour en transférer le capital ;

« 3° La faculté de retenir par ses mains « le montant de ses contributions directes,

« par l'affectation d'une rente qui les remplace
« dans la caisse du receveur-général;

« 4° Moins de mobilité dans le cours des
« rentes, qui, étant plus divisées, deviendront
« plus rares sur les marchés;

« 5° L'intérêt des particuliers mieux lié à
« l'intérêt public. »

Tel est l'énoncé de M. le Ministre des finances dans l'exposé des motifs du projet de Loi.

Les garanties offertes aux particuliers dans
le texte du Projet, paroissant aussi étendues
que possible, je ne m'en occuperai pas.

J'examinerai particulièrement le projet de
Loi sous le rapport de son utilité, de sa nécessité et de ses résultats.

Si je semble me livrer par moments à
des digressions étrangères en apparence au
sujet, ce ne sera que pour arriver plus sû-
rement à la vérité par les conséquences.

Après les désastres de 1815 des charges
énormes ont été imposées à la France. Des
maux de tous genres les ont accompagnées:
nos trésors ont été épuisés.

Cependant les traités ont été fidèlement
exécutés, mais ce fut avec le secours de capitalistes pour la plupart étrangers, qui sont

nos créanciers : ils sont ceux de tous les contribuables.

Un État constitué comme la France l'est
maintenant ne contracte pas une dette sans
que tous les citoyens n'en soient spécialement
garants, chacun en proportion de sa fortune ;
et, quoique M. le Ministre des finances ne l'ait
pas dit, c'est, je crois, de ce principe fondamen-
tal que dérive son Projet.

La dette perpétuelle inscrite maintenant est
de . . . . 169,428,596 fr.

M. le Ministre des finances,
dans son Rapport au Roi, éva-
lue à 360 millions la portion
de la dette arriérée, payable
en reconnoissance de liquida-
tion. Ainsi il faut ou il faudra
ajouter une somme de rentes
de 18,000,000

Total 187,428,596

représentant un capital de . . 3,748,571,920

Le paiement de cette somme en capital ou
en intérêts ne doit pas inquiéter, comme l'a
dit M. le Ministre des finances, parcequ'il est

garanti par l'honneur; parcequ'il est bien sûr que les Chambres fourniront toujours les moyens de l'acquitter, et elles peuvent facilement le faire, dans l'état actuel des choses, avec les recettes ordinaires de l'État.

On peut considérer la masse des effets qui constatent cette dette, comme concentrée, pour la plus grande partie, dans la seule ville de Paris, et il est hors de doute que ses richesses ne sont pas en proportion de cette masse, puisque Londres, qui possède dix fois plus de richesses que Paris, peut à peine suffire à une circulation d'effets publics trois fois plus forte.

En vain objecteroit-on que cette masse ne se représente pas sans cesse sur le marché.

Sans doute, elle ne s'y représente pas toujours, mais elle peut s'y représenter plus souvent, parcequ'il y a à Paris plus de personnes nanties d'effets publics avec l'intention de ne pas les garder, et que c'est à Paris seulement que la négociation de ces effets peut avoir lieu.

La moindre variation en baisse se fait sentir sur un seul point, et y frappe plus de personnes.

Un moment d'inquiétude est d'autant plus

fort à Paris que l'effet se répartit au même instant sur plus d'individus, dans un espace plus circonscrit, et les engage à des opérations que la sagesse ne guide pas toujours et que la peur seule commande souvent.

En vain objecteroit-on encore que la caisse d'amortissement qui paroît avoir acheté 8,473,955 fr. de rentes depuis sa réorganisation, doit avoir une telle influence sur le marché, que la masse des rentes flottantes ne doit pas être trop considérable : que, d'après cela, il est inutile de répandre les effets publics dans les départements où ils pourroient porter les moyens, la facilité et le desir de se livrer à des spéculations dangereuses qui jusqu'ici y sont presque inconnues.

Nous avons l'expérience des faits.

La caisse d'amortissement, malgré la richesse de sa dotation, n'a pu sauver d'imprudents spéculateurs des malheurs qu'ils ont éprouvés.

Le seul moyen de les empêcher de faire des spéculations aussi ruineuses, c'est de diminuer la masse des rentes en circulation à Paris, c'est de les placer dans les mains des propriétaires fonciers, et pour y parvenir il faut leur démontrer que leur intérêt propre leur commande de se pourvoir de rentes.

On ne doit pas se le dissimuler, la caisse d'amortissement a été jusqu'ici beaucoup plus funeste qu'avantageuse; ce n'est qu'à partir de l'année que nous commençons qu'elle agira d'une manière vraiment utile.

La preuve va suivre l'assertion.

Depuis 1815, on a compris la caisse d'amortissement dans le budget des dépenses pour une somme totale de 100 millions qui a été portée à celle de 116,973,913 fr. par les arrérages des rentes achetées, et par le produit de la vente des bois.

Après avoir arrêté les dépenses, on les a balancées avec les recettes, et on a comblé le déficit par des emprunts plus ou moins forts.

Il est évident que si les dépenses parmi lesquelles figuroit la dotation de la caisse d'amortissement avoient été moins considérables, les emprunts l'auroient été en égale proportion.

Ainsi, je suis tout aussi fondé à affecter le produit des emprunts à l'acquit de la dotation de la caisse d'amortissement qu'à l'acquit des dépenses de tel département du Ministère.

Mais, de ce que des effets publics étoient donnés en reconnoissance des sommes prêtées, résultoit la nécessité de les donner à un prix assez inférieur à celui du cours, pour que les prêteurs ne courussent pas les dangers d'une grande perte.

Des rachats effectués par la caisse d'amortissement, résultoit nécessairement la hausse des effets.

La hausse des effets rendoit les opérations plus dispendieuses, et la dotation de la caisse d'autant plus chère.

Aussi les rentes données aux prêteurs l'ont été au prix moyen de 61 fr. 12 dont il faudroit justement diminuer l'intérêt des semestres payés pour des sommes qui n'étoient pas encore fournies, et les rentes rachetées par la caisse d'amortissement l'ont été au prix moyen de 69,02 fr. (1).

Ainsi la caisse d'amortissement, en achetant 8,473,955 fr. de rentes, n'a effectivement ab-

---

(1) S'il existe une légère différence dans les prix auxquels je crois les rentes vendues ou achetées, cette différence changera les résultats numériques, mais non le principe.

2

sorbé qu'un capital de. . . . . 169,479,100 fr.
et pour obtenir la somme de
116,973,913 fr. avec laquelle
elle a opéré depuis 1815, nous
avons créé une dette de. . . . 191,384,000

Différence en perte pour l'État. 21,904,900 fr.

Cette perte seroit en proportion plus forte
si les ventes de bois n'avoient fourni environ
sept millions à la caisse.

Personne ne peut être accusé puisqu'on n'a
fait qu'exécuter une mesure législative. Mais
souvenons-nous, pour l'avenir, qu'avant de
faire des emprunts, nous devons employer à
l'acquit de nos charges tous les fonds qui seroient à notre disposition.

Ces réflexions ne sont pas nouvelles; leur
justesse a été contestée, elle le sera probablement encore, je n'en serai pas moins convaincu
qu'elles sont fondées.

On dira que si la caisse d'amortissement
n'avoit point opéré, les fonds publics seroient
restés dans un tel discrédit que nos emprunts
se seroient faits plus désavantageusement, ou
même qu'il n'auroit pas été possible d'en faire.

Sans pousser plus loin la comparaison des avantages et des inconvénients de l'établissement de la caisse d'amortissement telle qu'elle a été instituée, et qu'il a fallu continuer par-cequ'on l'avoit établie, on peut croire que sa dotation ou plutôt l'emploi fait par elle d'une somme de 116,973,913 francs en achats de rentes, a été une condition des emprunts, imposée par les prêteurs, pour leur assurer un bénéfice dans la vente des effets publics, lorsqu'il nous plairoit de les leur racheter.

On s'autoriseroit d'ailleurs de l'exemple de l'Angleterre, qui a conservé un fonds d'amortissement, lorsqu'elle faisoit chaque année des emprunts.

Je répondrois néanmoins : plusieurs fois on a fait ressource, en Angleterre, du fonds d'amortissement, dans le cours d'une année ; mais une fois engagé dans un système d'emprunts avec amortissement, il n'est pas plus possible à l'Angleterre, qu'il ne le seroit maintenant à la France, de supprimer sans retour le fonds d'amortissement, à moins de porter au crédit une atteinte dont les suites seroient incalculables.

Je répondrois que faire des emprunts de

capitaux à un taux élevé, pour les racheter à un taux plus bas par l'amortissement, c'est réunir contre l'État tous les prodiges de l'intérêt composé; que ces prodiges, au contraire, sont à l'avantage de l'État, quand le rachat de sa dette se fait non par le secours des emprunts, mais par le produit du revenu de l'État ou par ses capitaux.

Un exemple fixera la discussion sur ce point.

Supposons que dans le cours d'une année quelconque, on a emprunté une somme de 40 millions, et qu'on a donné en échange des effets publics au prix de 61 fr. 12 c. pour 5 fr. de rente.

A la fin de l'année on doit, outre l'intérêt des effets, qui est de.....
$$40,000,000$$
$$3,272,251$$

L'année suivante, les besoins sont primitivement les mêmes. Mais ils sont accrus de la somme nécessaire pour payer l'intérêt des effets livrés l'année précédente. Ainsi l'emprunt sera de.............. 43,272,251 et l'intérêt des effets livrés la seconde année sera de............ 3,539,942 Il sera dû à la fin de cette seconde année...................... 90,084,444

quoiqu'on n'ait reçu que 80 millions de capital primitif.

Supposons que la caisse d'amortissement aura touché 40 millions
la première année, elle les aura
employés en achat d'effets publics
au prix de 69 fr. 2 c. pour 5 fr. de
rente.

Ils produiront..... 2,897,710
et représenteront un ca-
pital de.............   35,421,607
L'État devant à la fin
de la première année
un capital de........   43,272,251
et une rente de...... 3,272,251

Cette dette est balancée
par les achats de la
caisse d'amortissement,
sauf une perte en rente
de................... 374,541
ou en capital de......   7,850,644

Si la caisse continue ses opérations la seconde année, et reçoit la même dotation, la perte
pour l'État étant en capital de 7,850,644 fr. pour

un an, elle devroit n'être que de 15,701,288 fr. pour deux. Cependant voici ce qui arrivera.

La Caisse recevra le produit des rentes qu'elle a achetées la première année..... 2,897,710
et une dotation de............ 40,000,000

Total.................... 42,897,710
ce qui lui permettra d'acheter dans le cours de la seconde année une somme d'effets publics de........ 3,107,626

La caisse n'ayant amorti dans les deux ans que 6,005,336 fr. de rentes, représentant un capital de 73,409,227 fr., la perte effective sera de 16,675,217 fr., et l'accroissement de perte, produit en un an par l'intérêt composé agissant contre l'État, sera de 973,929 fr.

Enfin, suivre le système de l'Angleterre, suivre le système auquel nous nous sommes malheureusement livrés depuis trois ans, c'est marcher inévitablement à sa ruine, à moins que le Gouvernement ne soit assuré qu'en laissant aux régnicoles les capitaux qu'il leur auroit enlevés par les impôts et qu'il se procure par des emprunts, l'agriculture et l'industrie augmenteront tellement les ressources et les richesses de l'État, que la perte causée par le rachat de l'emprunt et par l'intérêt composé agissant contre le Gouvernement, sera plus que compensé.

J'ai établi dans ce qui précède :

1° Que tous les citoyens sont spécialement garants de la dette publique en proportion de leur avoir;

2° Que l'existence de la caisse d'amortissement jusqu'à ce jour, a été préjudiciable à la richesse publique;

3° Qu'à partir de cette année elle va agir efficacement sur la diminution de la dette, parceque la dotation de la caisse ne sera formée que par les capitaux ou les revenus de l'État;

4° Que jusqu'à l'extinction de la dette on ne pourroit supprimer la caisse d'amortissement sans porter au crédit une atteinte incalculable.

Les 40 millions qui vont former annuellement la dotation de la caisse d'amortissement seront fournis par les impôts.

Ils y concourent tous dans la proportion de leurs produits.

Cependant il n'en est aucun qui n'excite des

plaintes plus ou moins fondées contre son élévation ; et nous ne pouvons y faire droit à l'instant.

Néanmoins il est possible d'apporter une modification considérable dans le fardeau des impôts, et cette modification c'est précisément ce
que M. le Ministre des finances propose, et ce
que je vais examiner.

Dans la portion de l'impôt, affectée au paiement de la dette, il faut distinguer ce qui paie
l'intérêt, de la portion qui rembourse le capital.

Cette portion est ce qui forme la dotation
annuelle de la caisse d'amortissement.

La caisse d'amortissement, quand elle achète
une somme de 5,000 francs de rentes, opère le
remboursement d'un capital de 100,000 francs ;
et cependant, au cours de 70 francs, elle ne
débourse effectivement que 70,000 francs, il y
a donc un bénéfice de 30,000 francs, ou de 30
pour cent.

Voulez-vous vous approprier ce bénéfice,
remboursez aux étrangers une portion du capital de la dette, en achetant les rentes dont ils
sont nantis, et remplacez la caisse d'amortissement vis-à-vis d'eux, vous serez alors le créan-

cier de l'État, non pas pour 70,000 francs que
vous aurez donnés à l'étranger , mais pour
100,000 francs que représente la créance que
vous aurez achetée de lui.

D'un autre côté, l'État est votre créancier
pour une somme annuelle de 5,000 fr., à laquelle
vous êtes cotisé par vos impositions ; cette somme annuelle de vos impositions est l'intérêt
d'un capital de 100,000 francs, dont vos propriétés, votre industrie, votre commerce, sont
grevés : car c'est le capital de la portion de la
dette publique, dont vous êtes garant à raison
de votre fortune.

Il y a balance entre votre créance annuelle
envers l'État et la créance annuelle de l'État
envers vous ; mais vous avez diminué votre
dette capitale envers l'État de 3o pour cent, et
la dette capitale de l'État envers vous reste ce
qu'elle étoit.

En d'autres termes, en achetant des rentes et
en les déposant entre les mains des receveurs-
généraux, pour l'acquit de vos impositions, ou
en gardant vos rentes, en en recevant les arrérages du trésor, et en payant vos impositions
avec le produit de ces arrérages, vous écono-

misez 30 pour cent sur le capital qui fournit le
paiement de vos taxes.

Vous, propriétaires-fonciers, qui vous plai-
gnez de l'élévation de l'impôt, il dépend de
de vous d'en réduire à l'instant le fardeau, puisque vous pouvez augmenter le produit du capital qui les paie.

Vous qui, dans le silence, vous félicitez d'une
taxe modérée, il dépend de vous d'en accroître
les avantages et de vous mettre en garde contre
une augmentation que la justice réclame. Vos
charges, fussent-elles augmentées de $2\frac{1}{7}$ pour
cent, le capital qui sert à les payer aujourd'hui y
suffiroit encore : car, 70,000 : 5,000 :: 100,000 :
7142.

La facilité de placer des capitaux dans la
rente avec plus d'avantage que dans l'achat des
propriétés foncières n'est pas nouvelle ; elle
existe depuis qu'il y a des rentes. Mais les habi-
tants de Paris, ou les provinciaux qui y avoient
des agents, pouvoient seuls en profiter. Aujour-
d'hui tout contribuable se procurera, s'il le
veut, le même avantage, et la loi proposée, ex-
pliquée comme elle vient de l'être, peut être
considérée comme une diminution d'impôts ac-

cordée dans le moment où l'on devoit le moins en attendre.

Les opérations de la caisse d'amortissement sur lesquelles j'ai paru m'étendre avec trop de prolixité peut-être, viennent ici s'appliquer à ce que font ou feront les contribuables relativement à nos effets publics.

Si un particulier chargé d'une dette emprunte chaque année ce qu'il doit en payer d'intérêts, il augmente chaque année sa dette primitive de cette portion d'intérêts, et il devra payer en outre, l'année suivante, l'intérêt de cet intérêt capitalisé.

S'il trouve dans son économie, ou dans ses capitaux, les moyens de rembourser tout ou partie de sa dette, il devra le faire pour éviter sa ruine, à moins que ses capitaux employés d'une autre façon lui donnent plus de bénéfice que le paiement des intérêts ne lui cause de préjudice.

Si par le capital qui paie les intérêts, il peut rembourser sa dette à un taux inférieur à celui du capital nominal, il le fera ; sinon, nous le regarderons comme incapable de gérer ses propres affaires.

La dette du particulier, c'est ici la dette perpétuelle inscrite.

Le paiement des intérêts de la dette du particulier, c'est ici celui des impôts.

Le remboursement du capital avec avantage, c'est l'achat de nos effets publics, aussi long-temps qu'ils ne seront pas au pair.

La faculté accordée aux rentiers de se rédimer de leurs taxes avec avantage a été d'un effet moins important en Angleterre qu'il ne le sera en France, parceque cette mesure avoit été moins sagement combinée.

En 1798, la taxe sur les terres fut rendue perpétuelle en Angleterre. Les propriétaires purent la racheter, dans un délai déterminé, par un capital employé à l'achat d'une portion du fonds de 3 pour cent consolidé, donnant un dividende égal à la taxe. Si les propriétaires n'usoient pas, *dans le délai fixé*, de la faculté qui leur étoit accordée, d'autres personnes pouvoient se substituer aux propriétaires, recevoir sur les terres de ceux-ci une assignation égale à la taxe, en payant la valeur d'une portion du fonds de 3 pour cent donnant un dividende d'un cinquième de plus que la taxe.

Le Projet de M. le Ministre des finances est préférable sous tous les rapports.

La fixité de l'impôt foncier est, sans contredit, très favorable aux progrès de l'agriculture, en ce qu'elle encourage les améliorations; mais on ne peut penser à la prononcer maintenant en France, où la répartition est notoirement inégale.

On a paré, pour le moment, à cet inconvénient, auquel il sera bientôt remédié, en donnant la facilité de diminuer les charges par l'achat des rentes qui sont à bas prix, et en donnant aux propriétaires la faculté de payer en tous temps, avec le capital employé en achats de rentes, la même masse d'impôts à laquelle ils sont assujettis, aujourd'hui que nous savons que la masse des impôts ne peut plus être augmentée, et qu'elle ne peut que diminuer ou varier dans l'assiette et la répartition.

On avoit fixé en Angleterre le délai dans lequel les propriétaires pouvoient racheter leur taxe.

Cette limitation de temps étoit contraire aux principes du crédit, qui veulent que la confiance et jamais la contrainte dirige dans les opérations faites avec le Gouvernement.

Aussi le projet de Loi se borne-t-il à dire, *vous achèterez des rentes si vous le voulez*, et M. le Ministre des finances n'a pas même ajouté; *vous y trouverez tels avantages*. Il nous a laissé le soin de les découvrir, de les faire connoître et d'en profiter si nous sommes assez clairvoyants et assez sages pour cela.

Loin de fixer le délai dans lequel le rachat doit se faire, le projet de Loi, non seulement laisse toute latitude sur ce point, mais encore abandonne la faculté de réaliser à une époque quelconque le capital de ce rachat.

En Angleterre, à la limitation du temps dans lequel le rachat devoit se faire, on avoit joint une sorte de menace aux propriétaires d'assigner à des capitalistes, après un temps donné, un revenu égal à la taxe, revenu à prélever sur les propriétaires de fonds, mais dont l'assignation n'étoit faite aux capitalistes qu'à plus haut prix.

Tout étoit contraire aux principes : la limitation du temps, la contrainte, la menace et l'élevation du prix de l'assignation, si quelqu'un rachetoit la taxe de son voisin.

Ici vous rachèterez cette taxe, si vous vous munissez d'une portion de rentes plus forte que

la somme de vos impôts, et la justice repousse-
roit toute mesure qui prescriroit que dans ce
cas vous payassiez ces rentes plus cher que les
autres.

La Loi sur le rachat des taxes n'eut que peu
ou point d'effet en Angleterre. Il n'en sera pas
de même en France. La liberté la plus grande
est laissée aux contribuables. M. le Ministre
des finance est bien sûr que la rente se placera
et qu'il ne manquera pas de gens justes ap-
préciateurs des avantages de nos fonds publics, de leur garantie, de nos ressources et de
la bonne foi du Gouvernement.

Mais où les contribuables trouveront-ils les
capitaux nécessaires à l'achat de ces rentes?
demandera-t-on.

Dans leur industrie, dans leur richesse per-
sonnelle, car tous en ont une quelconque, sans
cela ils ne seroient pas cotisés.

Il faudra donc vendre nos terres, nos mai-
sons? Et quel prix en tirerons-nous, si tant de
propriétés sont subitement mises dans la circulation? Où trouverons-nous des acquéreurs?
Vous ne ferez que ce que vous voudrez : mais
si vos propriétés foncières ne vous rapportent,
comme dans beaucoup de départements, que

3 ou 4 pour 100 de leur valeur vénale, vous
auriez grand tort de n'en pas vendre une por‑
tion, puisque, du prix de leur vente, vous
rembourseriez à 30 pour 100 de bénéfice une
dette dont vous payez 5 pour 100 d'intérêt. Les
acquéreurs seront précisément les détenteurs
actuels de la rente, que l'on appelle à vivre
parmi vous en supprimant le droit d'aubaine,
et qui, dans la vente qu'ils feront de la rente,
trouveront les capitaux que vous demandez.

Sans doute une grande masse de propriétés,
mises subitement en vente, en feroit baisser la
valeur. Mais quel est le propriétaire qui, sur
l'hypothèque de fonds de terres, ne trouveroit
pas des capitaux à emprunter à 5 pour 100
d'intérêt? En les employant en achat de rentes,
il y gagneroit encore 2 $\frac{1}{7}$ pour 100, la rente
étant au prix de 70 fr.

Nier qu'un propriétaire foncier puisse sur
hypothèque trouver des capitaux à 5 pour 100,
ce seroit faire l'éloge le plus complet du crédit
du Gouvernement; car il est notoire qu'à cet
intérêt, les bons du Trésor sont recherchés,
quoiqu'ils n'aient d'autre garantie que la parole
du Ministre.

Pense-t-on que si M. le Ministre des finances

ne craignoit pas d'abuser de cette ressource, il n'en useroit pas pour racheter une partie de la dette publique, et qu'il ne le fera pas dans l'intérêt de l'État, lorsqu'il le pourra?

D'ailleurs, de quoi s'agit-il? De dégager la bourse de Paris de l'encombrement des rentes; d'empêcher par la dissémination des effets publics qu'il s'y fasse des affaires ruineuses, et de faire partager les départements aux bénéfices que leur achat assure aux contribuables.

Il n'entre pas dans le projet de M. le Ministre des finances que tout contribuable ait une portion de rentes égale à ses contributions directes, car heureusement cela ne seroit pas possible.

Il n'y a pas d'inscription au-dessous de 50 fr., et les citoyens, cotisés à l'impôt foncier seulement pour une somme de plus de 100 francs, compris les centimes additionnels départementaux et communaux, fournissoient à l'État, en 1815, 199,714,190 fr. (1).

Si le quart seulement de cette somme de contributions étoit déposé en rentes chez les rece-

_____

(1) Mémoire sur le Cadastre, par le Duc de Gaëte.

veurs généraux de départements, un des motifs
du Projet, celui de classer les rentes hors de
Paris, seroit rempli. Il le sera bientôt, si l'on
adopte la Loi; car on ne perdra pas de vue que,
de gré ou de force, tôt ou tard, il faudra rembourser aux capitalistes étrangers ou régnicoles le capital que représente la masse d'effets
publics créés; qu'il le sera par les impôts ou
par l'immobilisation de rentes déposées en garantie du paiement des taxes; que plus on se
hâtera, plus on le fera avantageusement; qu'une
propriété de 500,000 fr. de capital, rapportant
25,000 fr. de revenu, et assujettie à une taxe de
5000 fr., ne vaut réellement que 400,000 fr. de
capital, et 20,000 fr. de revenu; enfin, qu'en
acquittant la taxe de 5000 fr. avec un capital
de 70,000 fr. à prélever sur la valeur totale de
la propriété, celle-ci aura une valeur effective
de 430,000 fr., au lieu de 400,000.

MM. les Pairs seconderont probablement les
vues du Gouvernement, en immobilisant des
rentes pour la formation des majorats qu'ils
sont priés de fonder. Ils lieroient plus intime-
ment, par ce moyen, l'existence de la Pairie et
de ses privilèges, à la prospérité du crédit public et à la stabilité de l'État. Quelle que soit la

justesse des raisonnements par lesquels on a cherché dernièrement à prouver, dans la Chambre des Députés, que l'existence des majorats étoit contraire à notre législation, ceux-ci n'auroient plus rien qui pût offusquer les esprits les plus susceptibles, puisque les rentes par leur nature sont insaisissables.

Il m'est impossible de ne point appliquer aux propriétés de l'État ce que je viens de dire relativement aux propriétés des particuliers. Je n'oublie pas que les forêts sont données à la caisse d'amortissement, sauf la portion réservée pour le clergé. Je n'oublie pas non plus que l'on a ordonné la vente de trois cent mille hectares de ces forêts, et qu'elle se poursuit journellement avec autant de prudence que de succès. Mais il est d'autres biens-fonds dont la mise en circulation seroit avantageuse à l'État, non seulement sous le rapport des capitaux qu'il en tireroit, mais encore sous le rapport de l'accroissement de richesses qui en résulteroit. Des biens de communes sont improductifs parceque, appartenant à tous, ils n'appartiennent à personne. Léopold, dont l'administration a laissé tant de souvenirs en Toscane, Léopold qui a tant augmenté la richesse de ce pays, fit vendre les

biens des communes pour accroître le nom-
bre des propriétaires, et il convertit en rentes
le produit de ces ventes. Plusieurs de nos départements offrent des masses considérables de
terres incultes et improductives. Celui des Lan-
des en contient seul plusieurs milliers d'ar-
pents. On en a vendu de légères portions depuis deux ans, au profit des communes. Des
travaux de dessèchement partiels et peu considérables ont plus que centuplé la valeur de
ces terres. Les terrains qui se sont vendus 3 ou
4 fr. l'arpent valent aujourd'hui 350 fr. et avec
des capitaux et de l'industrie, des départements
stériles et malsains deviendroient peut-être avant
peu d'années, les plus fertiles et les plus salubres.
Il me suffit de cette simple remarque pour
être sûr qu'avec un Ministère vigilant, elle ne
sera pas perdue, si elle est fondée.

On s'est étonné de ce que le Projet qui nous
occupe soit la matière d'une Loi, et on n'y a vu
que des arrangements à prendre par le Trésor
avec ses agents.

On avoit sans doute oublié qu'une Loi avoit
décidé autrefois que les transferts et inscriptions de rentes ne pouvoient se faire qu'à Paris;
il falloit donc qu'une Loi modifiât ces dispo-

sitions, car une Loi ne peut être modifiée par les agents du Gouvernement.

On a prétendu que le Projet tendoit à enlever à l'industrie et à l'agriculture des capitaux qu'elles emploient.

L'agriculture et l'industrie sont frappées d'impôts, soit par les patentes, soit par la taxe foncière : elles sont donc garantes de notre dette dans une proportion quelconque; si une portion du capital qu'elles emploient se porte vers les rentes, c'est que l'agriculteur ou l'homme industrieux y trouvera pour lui de l'avantage. Cet avantage sera un accroissement de richesses, et certes nous ne pouvons nous en plaindre.

Cette masse énorme d'effets publics de l'Angleterre, dont les parcelles se trouvent dans toutes les mains, dont une portion peut être achetée par-tout, a-t-elle été nuisible aux progrès et aux développements de l'agriculture et de l'industrie ?

Il n'est pas douteux qu'il existe en France, dans les départements sur-tout où les propriétés sont fort divisées, beaucoup de petites sommes improductives, accumulation stérile de capitaux, qui attendent l'occasion d'être placées en fonds de terre. Elles se réuniront jusque-là, sans nuire à l'agriculture ni à l'industrie, pour rédimer tout ou partie des taxes de leurs possesseurs et les enrichir.

On a reproché au Projet de fournir les moyens d'étendre l'agiotage.

Entendrons-nous par agiotage des prêts usuraires? Il n'est point ici question de prêts à faire, mais de prêts effectués et à rembourser.

Entendrons-nous par agiotage le commerce des effets publics?

Il ne s'agit pas d'en établir le commerce, mais au contraire de les faire racheter de ceux qui les ont par ceux qui les doivent.

Entendrons-nous par agiotage les gains que des spéculateurs adroits peuvent faire sur la vente et le rachat des effets publics, en élevant ou en baissant le cours à leur gré?

Ici, l'agiotage ne pourroit être attribué à M. le Ministre des finances; car ce qu'il propose ne tend qu'à élever le cours des effets, puisque ces effets seront plus rares sur le marché, et retirés en grande partie de la circulation.

Mais, la hausse et la baisse pourront arriver successivement par d'autres causes, sans que les possesseurs d'effets publics qui les auront déposés chez les receveurs-généraux doivent s'en inquiéter, puisque le cours de ces effets ne changera pas leur produit. La hausse se maintiendra quand le gouvernement et les chambres marcheront de concert, quand on verra dans les trois pouvoirs une égale volonté de respecter et la Charte et les lois qui en dérivent, et les droits des citoyens. Mais si, au milieu des délibérations des Chambres, des propositions inquiétantes viennent, à l'improviste, se faire entendre et jeter l'alarme et le trouble dans tous les esprits, alors la baisse se fera vivement sentir, parceque c'est au maintien de nos institutions qu'est liée l'existence et la prospérité de l'État et de son crédit.

Enfin, je pense que le projet de Loi qui précède remplit complètement le but qu'on s'est proposé. Je pense qu'il est rédigé dans les vues les plus sages et les plus avantageuses aux contribuables, et je le regarde comme une des conceptions les plus habiles qui aient encore été publiées sur pareille matière.

www.ingramcontent.com/pod-product-compliance
Lightning Source LLC
Chambersburg PA
CBHW060509210326
41520CB00015B/4163